DOLPHIN'S FIRST DAY
EL PRIMER DÍA DE DELFÍN

SMITHSONIAN OCEANIC COLLECTION
BILINGUAL EDITION

To Robert—K.Z.

This book is for Stephanie, Christopher, Joseph, Daniel, Nicholas and Anthony…for all they give to us.—S.J.P.

Book design: Shields & Partners, Westport, CT
Abridgment Editor: Tracee Williams

First Bilingual Edition 2008
10 9 8 7 6 5 4 3 2 1
Printed in Indonesia

Acknowledgments:
Soundprints would like to thank the late Dr. Charles Handley of the Department of Vertebrate Zoology at the Smithsonian Institution's National Museum of Natural History for his curatorial review, and Jack Schneider, Program Director of The Maritime Aquarium at Norwalk (Connecticut), for providing additional support and guidance.
Steven James Petruccio would like to thank Peg Siebert, Children's Librarian at Blodgett Memorial Library, for her research assistance and appreciation of children's books, Dana Meachen for providing the necessary atmosphere for creativity, and Evelyne and Bud Johnson for their enthusiastic support of his work.

Para Robert. K.Z.

Este libro es para Stephanie, Christopher, Joseph, Daniel, Nicholas y Anthony… por todo lo que nos dan. S.J.P.

Diseño: Shields & Partners, Westport, CT
Editora de la versión abreviada: Tracee Williams

Primera edición bilingüe 2008
10 9 8 7 6 5 4 3 2 1
Impreso en Indonesia

Agradecimientos:
Soundprints desea expresar su deuda de gratitud con el recientemente fallecido Dr. Charles Handley, del Departamento de Zoología de los Vertebrados del Museo de Historia Natural de la *Smithsonian Institution,* por su asesoramiento en la curaduría; y a Jack Schneider, Director de Programa del Acuario Marino de Norwalk (Connecticut), por ofrecernos su apoyo y asesoramiento.
Steven James Petruccio desea expresar su agradecimiento a Peg Siebert, especialista en literatura para niños de la Biblioteca Blodgett Memorial, por su ayuda en la investigación y evaluación de libros para niños, a Dana Meachen, por crear la atmósfera ideal para realizar nuestra labor creativa, y a Evelyne y Bud Johnson, por su apoyo y su entusiasmo.

DOLPHIN'S FIRST DAY
EL PRIMER DÍA DE DELFÍN

por **Kathleen Weidner Zoehfeld**   Ilustrado por **Steven James Petruccio**

It is morning off the coast of Florida. A baby dolphin is born. He stays close to his mother.

Es una clara mañana. En las aguas cercanas a la Florida, nace un delfín. El bebé permanece junto a su madre.

Little Dolphin swims with his mother and her best friend, his nanny. They push Little Dolphin to the surface of the water.
Pfoosh! He opens his blowhole on the top of his head and takes his first breath.

Bebé Delfín nada con su madre y la mejor amiga de ésta, su niñera. Juntas empujan a Bebé Delfín hasta la superficie del agua.
¡Puff! Bebé Delfín abre el orificio nasal que tiene en la parte superior de la cabeza y respira por primera vez.

He lifts his head above the water and looks at the blue sky toward the morning sun. The air is quiet, but the water below is loud with sounds from a thousand different fishes.

Saca la cabeza del agua y mira el cielo azul iluminado por el sol de la mañana. El aire está inmóvil, pero el agua está llena de los ruidos de miles de peces diferentes.

Back under the water, Little Dolphin hears noises from other dolphins. There are eight dolphins in his pod—three mothers with babies and two nannies. The pod swims slowly, letting Little Dolphin and his mother rest after the tiring birth.

Bebé Delfín se sumerge otra vez y escucha los ruidos que hacen los otros delfines. En su manada hay ocho: tres madres con sus crías y dos niñeras. Nadan despacio, para que Bebé Delfín y su madre puedan descansar después del parto.

Down through the water, then up again for another breath, Little Dolphin begins to fidget. He is getting hungry. Mother rolls over and swims on her side. Little Dolphin learns to drink milk from his mother. It makes him feel strong. He practices pushing his flukes and flippers up and down through the water. Soon he will be swimming like an expert.

Bebé Delfín nada de vez en cuando a la superficie para respirar. Comienza a sentirse intraquilo. Tiene hambre. Su madre se voltea y nada de lado. Bebé Delfín aprende a mamar la leche de su madre. Ahora se siente con más energía. Practica cómo mover las aletas y la cola hacia arriba y hacia abajo en el agua. Pronto será un experto nadador.

The grown-ups approach Little Dolphin and make soft whistling sounds. Little Dolphin tries to whistle back. *"Peep, squeak."* He practices again and again.

Los adultos se acercan a Bebé Delfín y emiten suaves silbidos. Bebé Delfín trata de imitarlos. *"Pip, cuic".* Repite una y otra vez, practicando.

Little Dolphin notices the grown-ups' whistling becoming louder and quicker. They all begin to swim fast. They spread out and look for fish.

Little Dolphin feels himself being pulled along at Mother's side, the silvery water racing past his body.

Tick, tick, tick, TICK, TICK, TICK. Little Dolphin hears the waters around him vibrate with the sound of the dolphins' echolocation signals.

Bebé Delfín se da cuenta de que los silbidos de los adultos ahora son más fuertes y seguidos. Todos comienzan a nadar a gran velocidad, se dispersan y comienzan a buscar peces.

Bebé Delfín siente que su madre lo hala y lo lleva a su lado rápidamente. Su cuerpo se desliza, veloz, en las aguas plateadas.

Tic, tic, tic, TIC, TIC, TIC. Bebé Delfín escucha vibrar el agua a su alrededor con el sonido de las señales de ecolocación de los delfines.

Their clicking sounds are propelled through the water ahead of them and bounced back off hundreds of small moving shapes in the water.

Echo-sense tells them a school of mullet is up ahead.

Nanny takes a turn watching the baby as his mother hunts. All around Little Dolphin, mullet swim and slap the water frantically.

Los delfines envían sus sonidos a través del agua y éstos rebotan al chocar contra cientos de pequeñas figuras en movimiento.

Su sentido de ecolocalización les indica a los delfines que hay un banco de mujoles cerca.

La niñera se queda cuidando al bebé mientras la madre va a cazar. Alrededor de Bebé Delfín hay cientos de mujoles nadando frenéticamente en todas direcciones.

19

Little Dolphin's mother tosses a fish into the air and lets it hit the water with a smack. She lifts the stunned fish in her beak. Pelicans and seagulls feast on the leftover food from the dolphins.

La madre de Bebé Delfín lanza un pez al aire y lo deja caer con un estrépito en la superficie del agua. Levanta al aturdido pez con sus largas mandíbulas. Los pelícanos y las gaviotas tienen un festín con las sobras de la comida de los delfines.

Excited by the noise and smell of the hunt, a shark appears. Nanny sees it and whistles. Little Dolphin is pulled down through the water to safety by Mother and Nanny.

Atraído por el ruido y el olor de la cacería, de pronto aparece un tiburón. La niñera lo ve y emite un silbido. Mamá Delfín y la niñera llevan a Bebé Delfín a aguas más profundas para ponerlo a salvo.

CRACK! CRACK! The dolphins try to scare the shark away with loud sounds. Little Dolphin can see one of the older dolphins charging after the shark. Her skin is streaked with scars—some of them from other tangles with sharks.

¡CRAC! ¡CRAC! Los delfines tratan de ahuyentar al tiburón emitiendo sonidos muy fuertes. Bebé Delfín ve a una de las hembras más viejas de la manada arremeter contra el tiburón. Su piel está cubierta de cicatrices: algunas de ellas son el recuerdo de otras batallas contra los tiburones.

THUMP! One of the older dolphins bangs the shark sharply in the gills. The shark turns and swims away.

¡Bam! Uno de los delfines más grandes golpea violentamente las agallas del tiburón. Éste da la vuelta y se aleja nadando.

Little Dolphin and his mother and nanny return to the surface. Dolphins from another pod come to visit. Little Dolphin pushes a piece of seaweed back and forth with two older baby dolphins.

Bebé Delfín, su madre y su niñera regresan a la superficie. Los delfines de otra manada llegan a visitarlos. Bebé Delfín juega con otros dos pequeños delfines empujando algas marinas.

As the sun settles down near the horizon, the other dolphins begin to go their separate ways. Little Dolphin snuggles against his mother's side. Mother whistles softly to her new baby. The waves rock them back and forth, and soon Little Dolphin is asleep.

Cuando el sol comienza a ponerse cerca del horizonte, los otros delfines se alejan. Bebé Delfín se acurruca al lado de su madre. La madre le silba suavemente a su cría. Las olas los mecen y, poco después, Bebé Delfín se queda dormido.

Some of the grown-up dolphins fall asleep too, keeping one eye open to watch for danger. Little Dolphin will continue to learn and grow every day.

Algunos de los delfines adultos se duermen también, pero manteniéndose atentos a cualquier peligro. Bebé Delfín seguirá aprendiendo y creciendo día a día.

About the Bottlenose Dolphin

Named for their stubby bottle-shaped beak, bottlenose dolphins live in coastal and offshore waters all around the world except in polar regions. They are intelligent animals with brains as large as humans' and a life span as long as 40 or 50 years.

Dolphins are mammals. They are warm-blooded; their body temperature stays the same, no matter what the temperature of their surroundings. Dolphins can swim 20 to 30 miles per hour. Unlike fish, dolphins breathe air through a blowhole on the top of their heads.

Glossary

blowhole: The opening at the top of a dolphin's head, used for breathing.

echolocation: Method used to locate objects by emitting usually high-pitched sounds. A dolphin sends these sounds forward through the water. The sounds bounce off an object and echo back to the dolphin revealing the object's size, shape and location.

flippers: The flat paddle-like limbs on a dolphin's sides used for steering and balance while swimming.

flukes: The flattened part of a dolphin's tail, which moves up and down providing forward motion for swimming.

pod: A group of dolphins that swim together.

Points of Interest in this Book

pp. 4-5: manta ray.

pp 20-21: brown pelicans, herring gulls.

pp 22-23, 24-25: great white shark.

pp. 26-27: alaria (seaweed).

Sobre los delfines mulares

Los delfines mulares, también llamados hocico de botella por la forma característica de su morro, viven en las aguas costeras e interiores de todo el mundo, con excepción de las regiones polares. Son animales muy inteligentes, con cerebros tan grandes como los de los seres humanos, y viven hasta 40 ó 50 años.

Los delfines son mamíferos. Son animales de sangre caliente: la temperatura de su cuerpo se mantiene constante, independientemente de la temperatura que haya en su medioambiente. Los delfines pueden nadar a velocidades de entre 20 y 30 millas por hora. A diferencia de los peces, los delfines respiran aire a través del orificio nasal que tienen en la parte superior de la cabeza.

Glosario

orificio nasal: Abertura que tienen los delfines en la parte superior de la cabeza y que usan para respirar.

ecolocación: Método usado para localizar objetos emitiendo, generalmente, sonidos agudos. Los delfines emiten estos sonidos a través del agua. El sonido rebota en la superficie de los objetos con los que chocan y el eco que regresa revela a los delfines el tamaño, la forma y la ubicación del objeto.

aletas: Extremidad plana, en forma de remo, que tienen los delfines a los lados del cuerpo y que les sirven para determinar la dirección y mantener el equilibrio cuando nadan.

cola: Extremo posterior plano del cuerpo del delfín, que mueve hacia arriba y hacia abajo para impulsarse hacia delante cuando nada.

manada: Grupo de delfines que viven juntos.

Detalles de interés

págs. 4-5: manta gigante

págs. 20-21: pelícanos pardos, gaviotas argénteas

págs. 22-23, 24-25: gran tiburón blanco

págs. 26-27: algas